Berichte zum Wirtschaftlichen Verbraucherschutz 2009/2010

Bericht der Zentralen Verbindungsstelle gem. § 3 Abs. 2 EG-Verbraucherschutzdurchsetzungsgesetz (VSchDG)

Bericht für das Jahr 2009

Bericht für das Jahr 2010

Bericht gem. Artikel 21 Abs. 2 der Verordnung (EG) Nr. 2006/2004 über die Zusammenarbeit im Verbraucherschutz

Bericht für die Jahre 2009/2010

Inhaltsverzeichnis

1 Bericht der Zentralen Verbindungsstelle gem. § 3 Abs. 2 EG-Verbraucherschutzdurchsetzungsgesetz (VSchDG); Bericht für das Jahr 2009 5

    I.   Allgemeines 5

    II.   Besondere Erläuterungen für das Jahr 2009 5

    III. Übersicht über die im Zusammenhang mit dem VSchDG als Zentrale Verbindungsstelle weitergeleiteten Ersuchen um Amtshilfe und Informationsaustausch 6

        1.   Gesamtübersicht 6

        2.   Informationsaustausch auf Ersuchen: Artikel 6 der Verordnung (EG) Nr. 2006/2004 7

            a)   Eingegangene Informationsersuchen 7

            b)   Ausgegangene Informationsersuchen 9

        3.   Durchsetzungsersuchen: Artikel 8 der Verordnung (EG) Nr. 2006/2004 10

            a)   Eingegangene Durchsetzungsersuchen 10

            b)   Ausgegangene Durchsetzungsersuchen 11

2 Bericht der Zentralen Verbindungsstelle gem. § 3 Abs. 2 EG-Verbraucherschutzdurchsetzungsgesetz (VSchDG); Bericht für das Jahr 2010 13

    I.   Allgemeines 13

    II.   Besondere Erläuterungen für das Jahr 2010 13

        1.   Überblick 13

        2.   Zuständigkeit im Bereich der Humanarzneimittelwerbung 13

        3.   CPCS-Datenbank 14

        4.   Urteile und Klagen zur Rechtsdurchsetzung 14

    III. Übersicht über die im Zusammenhang mit dem VSchDG als Zentrale Verbindungsstelle weitergeleiteten Ersuchen um Amtshilfe und Informationsaustausch 14

        1.   Gesamtübersicht 14

        2.   Informationsaustausch auf Ersuchen: Artikel 6 der Verordnung (EG) Nr. 2006/2004 15

            a)   Eingegangene Informationsersuchen 15

            b)   Ausgegangene Informationsersuchen 17

        3.   Durchsetzungsersuchen: Artikel 8 der Verordnung (EG) Nr. 2006/2004 18

            a)   Eingegangene Durchsetzungsersuchen 18

            b)   Ausgegangene Durchsetzungsersuchen 20

3 Bericht gem. Artikel 21 Abs. 2 der Verordnung (EG) Nr. 2006/2004 über die Zusammenarbeit im Verbraucherschutz; Bericht für die Jahre 2009/2010 22

    1.   Einleitung und Hintergrund 22

    2.   Verwaltungsorganisation 23

        a)   Änderungen in der Organisationsstruktur und Befugnisse 23

        b)   Ressourcen 23

        c)   Praktische Erfahrungen 23

    3.   Grenzüberschreitende Durchsetzungstätigkeit 24

        a)   Informationen über Durchsetzungsmaßnahmen, die sich als wirksam erwiesen haben und über die Nutzung von Informationsersuchen 24

        b)   Zusammenfassende Statistiken über die Tätigkeit der zuständigen Behörden 24

        c)   Praktische Erfahrungen 24

            aa) Handhabung der Fälle 24

            bb) Gemeinsame Tätigkeiten und andere gemeinsame Aktionen 25

            cc) CPCS-Datenbank 25

    4.   Fazit 25

1 Bericht der Zentralen Verbindungsstelle gem. § 3 Abs. 2 EG-Verbraucherschutzdurchsetzungsgesetz (VSchDG)

Bericht für das Jahr 2009

I.
Allgemeines

Nach § 3 Abs. 2 VSchDG berichtet die Zentrale Verbindungsstelle den für den Verbraucherschutz zuständigen obersten Landesbehörden jährlich, erstmals zum 31. Dezember 2007, umfassend und in anonymisierter Form über die im Zusammenhang mit dem VSchDG empfangenen und weitergeleiteten Ersuchen um Amtshilfe und Informationsaustausch. Der vorliegende dritte Bericht reflektiert die durch das Bundesamt für Verbraucherschutz und Lebensmittelsicherheit (BVL) als Zentrale Verbindungsstelle vorgenommenen Übermittlungen im Jahr 2009.

In den Berichten für 2007 und 2008 wurde die dem BVL durch das VSchDG zugewiesene Doppelfunktion jeweils ausführlich dargestellt und bereits darauf hingewiesen, dass das BVL als Zentrale Verbindungsstelle nicht über die gleiche Quantität und Qualität an Informationen verfügt wie als zuständige Behörde über diejenigen Amtshilfeersuchen, die es in eigener Zuständigkeit bearbeitet. Die für die Abstellung innergemeinschaftlicher Verstöße notwendigen und teilweise vertraulich zu behandelnden Informationen stehen nach der Verordnung (EG) Nr. 2006/2004 nur den zuständigen Behörden selbst zur Verfügung. Der Informationsaustausch ohne Ersuchen (sog. Warnmeldungen) nach Artikel 7 der Verordnung (EG) Nr. 2006/2004 erfolgt im Übrigen ohne Beteiligung der Zentralen Verbindungsstelle stets unmittelbar zwischen den betroffenen zuständigen Behörden.

II.
Besondere Erläuterungen für das Jahr 2009

In der unter III. folgenden Übersicht der übermittelten Ersuchen wurde im Vergleich zu den Vorjahresberichten eine neue Zählweise vorgenommen, die auf eine Neuerung bei der für die Abwicklung der Amtshilfeersuchen zu verwendenden Datenbank CPCS (Consumer Protection Cooperation System) zurückzuführen ist. Während in der Vergangenheit für jedes Amtshilfeersuchen von der ersuchenden Behörde lediglich eine europäische Rechtgrundlage angegeben werden konnte, wurde im Jahr 2009 die Funktionalität des CPCS dahingehend erweitert, dass fortan auch mehrere Rechtsgrundlagen angegeben werden können. Amtshilfeersuchen, die einen Verstoß gegen zwei oder mehrere europäische Rechtsgrundlagen zum Gegenstand haben, werden nunmehr nur als ein Amtshilfeersuchen gezählt, während es in der Vergangenheit dementsprechend zwei oder mehr Amtshilfeersuchen waren. Dieser Umstand ist bei dem Vergleich der Zahlen des aktuellen Berichtszeitraums mit denen der Vorjahresberichte zu berücksichtigen.

In seiner Eigenschaft als Zentrale Verbindungsstelle hat das BVL Kenntnis von vier Klageerhebungen durch gem. § 7 Abs. 1 VSchDG vom BVL als zuständige Behörde beauftragte Dritte. Die Klagen betreffen unlautere Geschäftspraktiken im Zusammenhang mit Online-Angeboten von Flugtickets, Mobilfunkdiensten und Downloads. Darüber hinaus liegen der Zentralen Verbindungsstelle für den Berichtszeitraum keine Informationen über Klagen und Urteile vor, die im Zusammenhang mit einem Verdacht eines innergemeinschaftlichen Verstoßes gegen Gesetze zum Schutz der Verbraucherinteressen erhoben worden oder ergangen sind. Soweit sich die angenommenen Verstöße bestätigt hatten und keine Ablehnungsgründe für die Ersuchen bestanden, konnten die Verstöße außergerichtlich abgestellt werden bzw. dauern die außergerichtlichen Verfahren noch an.

Im Jahre 2009 wurden vom EU-Ausland eingehende Amtshilfeersuchen ausschließlich an das BVL als zuständige Behörde weitergeleitet. Dies betraf auch ein Ersuchen, bei dem neben der Richtlinie 2005/29/EG über unlautere Geschäftspraktiken auch die Richtlinie 98/6/EG über den Schutz der Verbraucher bei der Angabe der Preise der ihnen angebotenen Erzeugnisse angegeben war. Zwar ist gem. § 2 Nr. 5 VSchDG für die Durchführung der Verordnung (EG) Nr. 2006/2004 die nach Landesrecht zuständige Behörde zuständig, wenn die Richtlinie 98/6/EG betroffen ist. In dem Mobilfunkdienste betreffenden Fall war diese Richtlinie jedoch ganz offensichtlich nicht einschlägig und durch die ersuchende Behörde in der Datenbank irrtümlich angegeben, so dass auch dieses Ersuchen ausschließlich an das BVL als zuständige Behörde weitergeleitet wurde.

Ausgehende Amtshilfeersuchen wurden ebenfalls ausschließlich vom BVL als zuständige Behörde weitergeleitet. Es darf darauf hingewiesen werden, dass das Behördenkooperationssystem von allen zuständigen Bundes- und Landesbehörden selbstverständlich auch dafür genutzt werden kann, innerhalb ihres Zuständigkeitsbereichs von im EU-Ausland niedergelassenen Unternehmen begangene innergemeinschaftlicher Verstöße zu Lasten deutscher Verbraucherinteressen durch die Einleitung von Amtshilfeersuchen zu verfolgen. Um die Arbeit der zuständigen Behörden in Bund und Ländern zu unterstützen, hat das BVL im Jahr 2009 für alle interessierten Ansprechpartner der zuständigen Behörden Schulungen in der Nutzung der CPCS-Datenbank durchgeführt.

III.

Übersicht über die im Zusammenhang mit dem VSchDG als Zentrale Verbindungsstelle weitergeleiteten Ersuchen um Amtshilfe und Informationsaustausch

1. Gesamtübersicht

Übermittelte Ersuchen	Anzahl*
Eingegangene Informationsersuchen	14
Ausgegangene Informationsersuchen	3
Eingegangene Durchsetzungsersuchen	13
Ausgegangene Durchsetzungsersuchen	13

* Wie unter II. erläutert, wurde im Vergleich zu den Vorjahresberichten eine neue Zählweise vorgenommen. Die Zählweise der Vorjahre angewandt, ergäbe für 2009 das folgende Bild: Eingegangene Informationsersuchen: 20. Ausgegangene Informationsersuchen: 5. Eingegangene Durchsetzungsersuchen: 16. Ausgegangene Durchsetzungsersuchen: 17.

2. Informationsaustausch auf Ersuchen: Artikel 6 der Verordnung (EG) Nr. 2006/2004

a) Eingegangene Informationsersuchen

aa) Gesamtübersicht

Gesamtzahl
14

ersuchender Mitgliedstaat	Verstoß gegen europäische Norm	Werbemethode	Vertriebsweg	Produkt/Dienstleistung	weitergeleitet an
Vereinigtes Königreich	RL 97/7/EG RL 2000/31/EG RL 2005/29/EG	Internet	Internet	Quads	BVL
Vereinigtes Königreich	RL 2005/29/EG	Post	Post	Wahrsagung	BVL
Frankreich	RL 85/577/EWG RL 2005/29/EG	von Angesicht zu Angesicht	von Angesicht zu Angesicht	Decken	BVL
Belgien	RL 2005/29/EG	Post	Post	Gewinnversprechen	BVL
Ungarn	RL 2005/29/EG	Post	Post	Gewinnversprechen/Pauschalreisen	BVL
Ungarn	RL 2005/29/EG	Post	Post	Gewinnversprechen/Pauschalreisen	BVL
Ungarn	RL 2005/29/EG	Fernsehen	Post	Gewinnversprechen/Pauschalreisen	BVL
Spanien	RL 97/7/EG	Internet	Internet	Mobilfunkdienste	BVL
Niederlande	RL 2005/29/EG	Post	Verkauf außerhalb von Geschäftsräumen	Verkaufsveranstaltungen (div. Produkte)	BVL
Belgien	RL 90/314/EWG RL 2005/29/EG	Telefon	Post	Gewinnversprechen/Pauschalreisen/Spiele	BVL
Spanien	RL 97/7/EG	Internet	Internet	Mobilfunkdienste	BVL
Niederlande	RL 2005/29/EG	nicht bekannt	Verkauf außerhalb von Geschäftsräumen	Verkaufsveranstaltungen / (div. Produkte)	BVL
Frankreich	RL 97/7/EG RL 2000/31/EG RL 2005/29/EG	Internet	Internet	Elektronikprodukte	BVL
Niederlande	RL 2005/29/EG	Internet	Internet	Flugtickets	BVL

bb) Übersicht nach ersuchendem Mitgliedstaat

ersuchender Mitgliedstaat	Anzahl
Ungarn	3
Niederlande	3
Belgien	2
Vereinigtes Königreich	2
Frankreich	2
Spanien	2

cc) Übersicht nach europäischer Norm, gegen die (mutmaßlich) verstoßen wurde

Verstoß gegen europäische Norm	Anzahl*
Richtlinie 2005/29/EG über unlautere Geschäftspraktiken	12
Richtlinie 97/7/EG über Vertragsabschlüsse im Fernabsatz	4
Richtlinie 2000/31/EG über den elektronischen Geschäftsverkehr	2
Richtlinie 90/314/EWG über Pauschalreisen	1
Richtlinie 85/577/EWG über Haustürgeschäfte	1

* Die Gesamtanzahl übersteigt die der Ersuchen, da Mehrfachnennungen möglich sind.

dd) Übersicht nach Werbemethode

Werbemethode	Anzahl
Internet	5
Post	5
von Angesicht zu Angesicht	1
Fernsehen	1
Telefon	1
nicht bekannt	1

ee) Übersicht nach Vertriebsweg

Vertriebsweg	Anzahl
Post	6
Internet	5
Verkauf außerhalb von Geschäftsräumen	2
von Angesicht zu Angesicht	1

ff) Übersicht nach Produkt/Dienstleistung

Produkt/Dienstleistung	Anzahl*
Gewinnversprechen	5
Pauschalreisen	4
Mobilfunkdienste	2
Verkaufsveranstaltungen (div. Produkte)	2
Quads	1
Wahrsagung	1
Decken	1
Spiele	1
Elektronikprodukte	1
Flugtickets	1

* Die Gesamtanzahl übersteigt die der Ersuchen, da Mehrfachnennungen möglich sind.

gg) Übersicht nach Behörde, an die Ersuchen weitergeleitet wurde

weitergeleitet an	Anzahl
BVL	14

b)   Ausgegangene Informationsersuchen

aa)   Gesamtübersicht

Gesamtzahl
3

ersuchter Mitgliedstaat	Verstoß gegen europäische Norm	Werbemethode	Vertriebsweg	Produkt/Dienstleistung	ersuchende Behörde
Niederlande	RL 2000/31/EG RL 2005/29/EG	Internet	Internet	Mobilfunkdienste	BVL
Vereinigtes Königreich	RL 97/7/EG RL 2005/29/EG	Internet	Internet	Klingeltöne	BVL
Frankreich	RL 2005/29/EG	Telefon/Post	Verkauf außerhalb von Geschäftsräumen	Porzellan	BVL

bb)   Übersicht nach ersuchtem Mitgliedstaat

ersuchter Mitgliedstaat	Anzahl
Niederlande	1
Vereinigtes Königreich	1
Frankreich	1

cc)   Übersicht nach europäischer Norm, gegen die (mutmaßlich) verstoßen wurde

Verstoß gegen europäische Norm	Anzahl*
Richtlinie 2005/29/EG über unlautere Geschäftspraktiken	3
Richtlinie 2000/31/EG über den elektronischen Geschäftsverkehr	1
Richtlinie 97/7/EG über Vertragsabschlüsse im Fernabsatz	1

* Die Gesamtanzahl übersteigt die der Ersuchen, da Mehrfachnennungen möglich sind.

dd)   Übersicht nach Werbemethode

Werbemethode	Anzahl*
Internet	2
Telefon	1
Post	1

* Die Gesamtanzahl übersteigt die der Ersuchen, da Mehrfachnennungen möglich sind.

ee)   Übersicht nach Vertriebsweg

Vertriebsweg	Anzahl
Internet	2
Verkauf außerhalb von Geschäftsräumen	1

ff)   Übersicht nach Produkt/Dienstleistung

Produkt/Dienstleistung	Anzahl
Mobilfunkdienste	1
Klingeltöne	1
Porzellan	1

gg)   Übersicht nach Behörde, von der Ersuchen weitergeleitet wurde

weitergeleitet von	Anzahl
BVL	3

3. Durchsetzungsersuchen: Artikel 8 der Verordnung (EG) Nr. 2006/2004

a) Eingegangene Durchsetzungsersuchen

aa) Gesamtübersicht

Gesamtzahl
13

ersuchender Mitgliedstaat	Verstoß gegen europäische Norm	Werbemethode	Vertriebsweg	Produkt/Dienstleistung	weitergeleitet an
Österreich	RL 97/7/EG	Internet	Internet	Mobilfunkdienste	BVL
Italien	RL 2005/29/EG	Internet	Internet	Mobilfunkdienste	BVL
Italien	RL 2005/29/EG	Zeitung	Internet	Mobilfunkdienste	BVL
Österreich	RL 2005/29/EG	Internet	Internet	Mobilfunkdienste	BVL
Österreich	RL 2005/29/EG	Internet	Internet	Mobilfunkdienste	BVL
Österreich	RL 2005/29/EG	Internet	Internet	Downloads	BVL
Österreich	RL 2005/29/EG	Internet	Internet	Downloads	BVL
Schweden	RL 98/6/EG RL 2005/29/EG	Internet/Fernsehen/Zeitung	Internet/SMS	Mobilfunkdienste	BVL*
Polen	RL 2005/29/EG	Internet	Internet	Elektronikprodukte	BVL
Spanien	RL 97/7/EG	Internet	Internet	Mobilfunkdienste	BVL
Österreich	RL 97/7/EG RL 2000/31/EG	Internet	Internet	Flugtickets	BVL
Vereinigtes Königreich	RL 2005/29/EG	Internet	Internet	Flugtickets	BVL
Frankreich	RL 97/7/EG RL 2005/29/EG	Internet	Internet	Möbel	BVL

* Siehe die Erläuterung unter II. zur Weiterleitung des unter anderem die Richtlinie 98/6/EG betreffenden Ersuchens.

bb) Übersicht nach ersuchendem Mitgliedstaat

ersuchender Mitgliedstaat	Anzahl
Österreich	6
Italien	2
Schweden	1
Polen	1
Spanien	1
Vereinigtes Königreich	1
Frankreich	1

cc) Übersicht nach europäischer Norm, gegen die (mutmaßlich) verstoßen wurde

Verstoß gegen europäische Norm	Anzahl*
Richtlinie 2005/29/EG über unlautere Geschäftspraktiken	10
Richtlinie 97/7/EG über Vertragsabschlüsse im Fernabsatz	4
Richtlinie 2000/31/EG über den elektronischen Geschäftsverkehr	1
Richtlinie 98/6/EG über Preisangaben	1

* Die Gesamtanzahl übersteigt die der Ersuchen, da Mehrfachnennungen möglich sind.

dd) Übersicht nach Werbemethode

Werbemethode	Anzahl*
Internet	12
Zeitung	2
Fernsehen	1

* Die Gesamtanzahl übersteigt die der Ersuchen, da Mehrfachnennungen möglich sind.

ee) Übersicht nach Vertriebsweg

Vertriebsweg	Anzahl*
Internet	13
SMS	1

* Die Gesamtanzahl übersteigt die der Ersuchen, da Mehrfachnennungen möglich sind.

ff) Übersicht nach Produkt/Dienstleistung

Produkt/Dienstleistung	Anzahl
Mobilfunkdienste	7
Downloads	2
Flugtickets	2
Elektronikprodukte	1
Möbel	1

gg) Übersicht nach Behörde, an die Ersuchen weitergeleitet wurde

weitergeleitet an	Anzahl
BVL	13

b) Ausgegangene Durchsetzungsersuchen

aa) Gesamtübersicht

Gesamtzahl
13

ersuchter Mitgliedstaat	Verstoß gegen europäische Norm	Werbemethode	Vertriebsweg	Produkt/Dienstleistung	ersuchende Behörde
Estland	RL 2005/29/EG	Fax	nicht bekannt	Gebrauchtwagen	BVL
Vereinigtes Königreich	RL 93/13/EG RL 2005/29/EG	Internet	Internet	Flugtickets	BVL
Niederlande	RL 2000/31/EG RL 2005/29/EG	Internet/SMS	Internet/SMS	Mobilfunkdienste	BVL
Spanien	RL 2005/29/EG	Fax/E-Mail/Post	Fax/E-Mail/Post	Gewinnversprechen	BVL
Irland	RL 2005/29/EG	Internet	Internet	Elektronikprodukte	BVL
Frankreich	RL 2000/31/EG RL 2005/29/EG	Internet	Internet	Elektronikprodukte	BVL
Finnland	RL 2005/29/EG	Internet	Internet	Elektronikprodukte/Mobilfunkzubehör	BVL
Luxemburg	RL 2005/29/EG	Internet	Internet	Elektronikprodukte	BVL
Belgien	RL 2005/29/EG	Internet	Internet	Elektronikprodukte	BVL
Österreich	RL 2005/29/EG	Internet	Internet	Elektronikprodukte	BVL
Niederlande	RL 2005/29/EG	Internet	Internet	Elektronikprodukte	BVL
Niederlande	RL 93/13/EG	Internet	Internet	Flugtickets	BVL
Frankreich	RL 85/577/EWG RL 2005/29/EG	Telefon/Post	Verkauf außerhalb von Geschäftsräumen	Porzellan	BVL

bb) Übersicht nach ersuchtem Mitgliedstaat

ersuchter Mitgliedstaat	Anzahl
Niederlande	3
Frankreich	2
Estland	1
Vereinigtes Königreich	1
Spanien	1
Irland	1
Finnland	1
Luxemburg	1
Belgien	1
Österreich	1

cc) Übersicht nach europäischer Norm, gegen die (mutmaßlich) verstoßen wurde

Verstoß gegen europäische Norm	Anzahl*
Richtlinie 2005/29/EG über unlautere Geschäftspraktiken	12
Richtlinie 93/13/EG über missbräuchliche Klauseln in Verbraucherverträgen	2
Richtlinie 2000/31/EG über den elektronischen Geschäftsverkehr	2
Richtlinie 85/577/EWG über Haustürgeschäfte	1

* Die Gesamtanzahl übersteigt die der Ersuchen, da Mehrfachnennungen möglich sind.

dd) Übersicht nach Werbemethode

Werbemethode	Anzahl*
Internet	10
Fax	2
Post	2
SMS	1
E-Mail	1
Telefon	1

* Die Gesamtanzahl übersteigt die der Ersuchen, da Mehrfachnennungen möglich sind.

ee) Übersicht nach Vertriebsweg

Vertriebsweg	Anzahl*
Internet	10
SMS	1
Fax	2
E-Mail	1
Post	1
Verkauf außerhalb von Geschäftsräumen	1
nicht bekannt	1

* Die Gesamtanzahl übersteigt die der Ersuchen, da Mehrfachnennungen möglich sind.

ff) Übersicht nach Produkt/Dienstleistung

Produkt/Dienstleistung	Anzahl*
Elektronikprodukte	7
Flugtickets	2
Gebrauchtwagen	1
Mobilfunkdienste	1
Gewinnversprechen	1
Mobilfunkzubehör	1
Porzellan	1

* Die Gesamtanzahl übersteigt die der Ersuchen, da Mehrfachnennungen möglich sind.

gg) Übersicht nach Behörde, von der Ersuchen weitergeleitet wurde

weitergeleitet von	Anzahl
BVL	13

2 Bericht der Zentralen Verbindungsstelle gem. § 3 Abs. 2 EG-Verbraucherschutz-durchsetzungsgesetz (VSchDG)

Bericht für das Jahr 2010

I.
Allgemeines

Nach § 3 Abs. 2 VSchDG berichtet die Zentrale Verbindungs-stelle den für den Verbraucherschutz zuständigen obersten Landesbehörden jährlich umfassend und in anonymisierter Form über die im Zusammenhang mit dem VSchDG empfangenen und weitergeleiteten Ersuchen um Amtshilfe und Informationsaustausch. Der vorliegende vierte Bericht reflektiert die durch das Bundesamt für Verbraucherschutz und Lebensmittelsicherheit (BVL) als Zentrale Verbindungsstelle vorgenommenen Übermittlungen im Jahr 2010.

In den Berichten für 2007 und 2008 wurde die dem BVL durch das VSchDG zugewiesene Doppelfunktion jeweils ausführlich dargestellt und darauf hingewiesen, dass das BVL als Zentrale Verbindungsstelle nicht über die gleiche Quantität und Qualität an Informationen verfügt wie als zuständige Behörde über Amtshilfeersuchen, die es in eigener Zuständigkeit bearbeitet. Die für die Abstellung innergemeinschaftlicher Verstöße notwendigen und teilweise vertraulich zu behandelnden Informationen stehen nach der Verordnung (EG) Nr. 2006/2004 nur den zuständigen Behörden selbst zur Verfügung. Der Informationsaustausch ohne Ersuchen (sog. Warnmeldungen) nach Artikel 7 der Verordnung (EG) Nr. 2006/2004 erfolgt im Übrigen ohne Beteiligung der Zentralen Verbindungsstelle stets unmittelbar zwischen den betroffenen zuständigen Behörden.

In Folge der Erweiterung des Anwendungsbereiches der Verordnung (EG) Nr. 2006/2004 um Nr. 17 des Anhanges in Bezug auf Artikel 13 der Richtlinie 2002/58/EG wurde das BVL durch die Verordnung zur Ergänzung und Anpassung bundesrechtlicher Regelungen zur Durchführung der Verordnung (EG) Nr. 2006/2004 vom 1. September 2010 (BGBl. I S. 1259) als zuständige Behörde benannt.

II.
Besondere Erläuterungen für das Jahr 2010

1. Überblick

Die unter III. folgende Übersicht der übermittelten Ersuchen zeigt, dass in nahezu allen ein- und ausgehenden Amtshilfeersuchen das BVL als zuständige Behörde involviert war. Lediglich drei der 44 ein- und ausgehenden Informations- und Durchsetzungsersuchen wurden an bzw. von zuständigen Landesbehörden in Hamburg, Rheinland-Pfalz und Sachsen-Anhalt weitergeleitet.

Ein eingehendes Ersuchen um Informationsaustausch, das einen Verstoß gegen mehrere europäische Rechtsgrundlagen zum Gegenstand hatte, wurde sowohl an das BVL als auch an die Behörde für Wirtschaft und Arbeit der Freien und Hansestadt Hamburg als zuständige Behörden für die jeweiligen Rechtsgrundlagen weitergeleitet. Das Ersuchen wurde von der Behörde für Wirtschaft und Arbeit der Freien und Hansestadt Hamburg wieder an das BVL zurückgegeben nachdem sich herausstellte, dass die von der ersuchten Behörde angegebene Richtlinie 98/6/EG im konkreten Fall nicht anzuwenden war. Wie bereits im Vorjahresbericht näher erläutert, können seit einer Funktionserweiterung des CPCS (Consumer Protection Cooperation System) im Jahre 2009 zu einem Amtshilfeersuchen mehrere Rechtsgrundlagen angegeben werden, wodurch sich für ein Amtshilfeersuchen die Zuständigkeit mehrerer Behörden ergeben kann.

2. Zuständigkeit im Bereich der Humanarzneimittelwerbung

Ein ausgehendes Durchsetzungsersuchen einer zuständigen Behörde des Landes Sachsen-Anhalt beruhte auf einem Hinweis auf einen Rechtsverstoß im Bereich der Humanarzneimittelwerbung durch ein polnisches Unternehmen zu Lasten deutscher Verbraucher, den das BVL erhalten und an die gemäß § 2 Nr. 5 VSchDG für Artikel 86–100 der Richtlinie 2001/83/EG und die zu deren Umsetzung erlassenen Rechtsvorschriften zuständigen Behörden aller Bundesländer weitergeleitet hat. Das Land Sachsen-Anhalt hat sich als Vorsitzland der Arbeitsgruppe Arzneimittel-, Apotheken-, Transfusions- und Betäubungsmittelwesen (AG AATB) der Arbeitsgemeinschaft der obersten Landesgesundheitsbehörden (AOLG) nach Abstimmung mit den anderen Ländern für zuständig erklärt. Das Ministerium für Gesundheit und Soziales des Landes Sachsen-Anhalt übernahm daraufhin nach Vorprüfung durch die Zentralstelle der Länder für Gesundheitsschutz bei Arzneimitteln und Medizinprodukten (ZLG) die Erstellung des von der zuständigen Behörde in Polen angeregten Ersuchens. Im Rahmen der Abstimmung der zuständigen Landesbehörden kam der Vorschlag auf, die Zuständigkeit im Bereich der Humanarzneimittelwerbung von den zuständigen Landesbehörden auf eine länderübergreifende Einrichtung wie die ZLG zu übertragen und diese als zuständige Behörde bei der Europäischen Kommission zu notifizieren. Dieser Vorschlag wurde auf der Sitzung der Verbraucherreferentinnen und -referenten von Bund und Ländern am 19. April 2010 in Berlin diskutiert und für sinnvoll erachtet.

3. CPCS-Datenbank

Um die aktive Anwendung des Behördenkooperationssystems CPCS durch alle zuständigen Behörden in Deutschland zu fördern, hat das BVL in seiner Funktion als Zentrale Verbindungsstelle eine deutsche Übersetzung des von der Europäischen Kommission erstellten „CPCS User Guide" anfertigen lassen und diese deutsche Fassung „CPCS Benutzerhandbuch" allen gemeldeten CPCS-Ansprechpartnern in Deutschland als pdf-Version zur Verfügung gestellt. Zudem hat das BVL auch in diesem Berichtsjahr für alle interessierten Ansprechpartner der zuständigen Bundes- und Landesbehörden Schulungen in der Nutzung der CPCS-Datenbank durchgeführt.

Soweit bei den zuständigen Behörden in den Ländern noch technische Zugangsprobleme zum CPCS bestanden, konnte zum Ende des Jahres mit Hilfe der Europäischen Kommission eine Lösung für eine alternative Zugangsmöglichkeit vorgeschlagen werden.

4. Urteile und Klagen zur Rechtsdurchsetzung

Bei der Zentralen Verbindungsstelle sind folgende Informationen vorhanden, die Urteile und Klagen zur Rechtsdurchsetzung betreffen:

Zwei gerichtliche Verfahren, die im vorangegangenen Berichtsjahr eingeleitet wurden und unlautere Geschäftspraktiken im Zusammenhang mit Online-Angeboten von Datenbanken betreffen, wurden erfolgreich abgeschlossen. In einem Verfahren verpflichteten sich die Beklagten, es zu unterlassen, im Internet den kostenpflichtigen Zugang zu Songtexten und/oder Online-Spielen zu bewerben, ohne dass der angesproche-

ne Kunde Informationen über den Inhalt und/oder den Umfang und/oder die Aktualität der angebotenen Dienstleistung erhält. In dem anderen Verfahren wurde die Beklagte verurteilt, es zu unterlassen, im Internet für die Nutzung einer Datenbank zu werben, ohne den Preis für die Datenbankaufnahme deutlich erkennbar anzugeben.

In zwei weiteren Verfahren aus dem vorangegangenen Berichtsjahr zu unlauteren Geschäftspraktiken im Zusammenhang mit Online-Angeboten von Flugtickets und Mobilfunkdiensten haben die Unternehmen jeweils Berufung eingelegt.

Im Zusammenhang mit Amtshilfeersuchen aus dem Jahr 2010 hat die Zentrale Verbindungsstelle Kenntnis von zwei Klagen, welche unlautere Geschäftspraktiken im Zusammenhang mit der Vermittlung von Reiseleistungen betreffen.

In einem Verfahren wurden die Beklagten verurteilt, es zu unterlassen, auf ihrem Buchungsportal weiterhin mit Flugpreisen zu werben, wenn bei der Buchung weitere Kosten (bezeichnet als Steuern und Gebühren) in Rechnung gestellt werden. Das Gericht untersagte den Beklagten außerdem eine Online-Voreinstellung, die den zusätzlichen Abschluss eines Versicherungsvertrages vorsieht, sofern der Verbraucher diesen im weitergehenden Verlauf des Buchungsvorganges nicht ausdrücklich ablehnt (das Urteil ist nicht rechtskräftig).

In einem anderen Verfahren wurde das Unternehmen verurteilt, es zu unterlassen, im geschäftlichen Verkehr im Zusammenhang mit der Vermittlung von Reiseleistungen an britische Kunden ausschließlich deutschsprachige Allgemeine Geschäftsbedingungen zu verwenden.

In anderen Fällen konnten, soweit sich die angenommenen Verstöße bestätigt hatten und keine Ablehnungsgründe für die Ersuchen bestanden, die Verstöße außergerichtlich abgestellt werden bzw. dauern die außergerichtlichen Verfahren noch an.

III.
Übersicht über die im Zusammenhang mit dem VSchDG als Zentrale Verbindungsstelle weitergeleiteten Ersuchen um Amtshilfe und Informationsaustausch

1. Gesamtübersicht

Übermittelte Ersuchen	Anzahl
Eingegangene Informationsersuchen	12
Ausgegangene Informationsersuchen	2
Eingegangene Durchsetzungsersuchen	19
Ausgegangene Durchsetzungsersuchen	11

2. Informationsaustausch auf Ersuchen: Artikel 6 der Verordnung (EG) Nr. 2006/2004

a) Eingegangene Informationsersuchen

aa) Gesamtübersicht

Gesamtzahl
12

ersuchender Mitgliedstaat	Verstoß gegen europäische Norm	Werbemethode	Vertriebsweg	Produkt/Dienstleistung	weitergeleitet an
Frankreich	RL 2005/29/EG	Internet	Internet	Elektronikprodukte	BVL
Österreich	RL 85/577/EWG	Post	Verkauf außerhalb von Geschäftsräumen	Verkaufsveranstaltungen (Gesundheitsprodukte u. Fernreisen)	BVL
Niederlande	RL 2005/29/EG	nicht bekannt	Geschäft	Verkaufsveranstaltungen (div. Produkte)	BVL
Frankreich	RL 2005/29/EG	von Angesicht zu Angesicht	von Angesicht zu Angesicht	Nahrungsergänzungs-mittel	BVL
Frankreich	RL 97/7/EG RL 2005/29/EG	Internet/Telefon	Internet/Telefon	Lotterie	BVL
Ungarn	RL 2005/29/EG	Werbeplakate/ Fernsehen/Internet	von Angesicht zu Angesicht / Internet	Tickets für Kulturveranstal-tungen	BVL
Vereinigtes Königreich	RL 2005/29/EG	Internet	Internet	Tickets für Kulturveranstal-tungen	BVL
Belgien	RL 2005/29/EG	Internet	Internet	Spiele	BVL
Frankreich	RL 97/7/EG	Internet	Internet	Partnervermittlung	BVL
Luxemburg	RL 97/7/EG RL 98/6/EG RL 2000/31/EG RL 2005/29/EG	Internet	Internet/SMS	Spiele	BVL / Behörde für Wirtschaft und Arbeit der Freien und Hansestadt Hamburg
Frankreich	RL 2005/29/EG	von Angesicht zu Angesicht / Internet	von Angesicht zu Angesicht	Haushaltswaren	BVL
Frankreich	RL 97/7/EG	Internet	Internet	Partnervermittlung	BVL

bb) Übersicht nach ersuchendem Mitgliedstaat

ersuchender Mitgliedstaat	Anzahl
Frankreich	6
Österreich	1
Niederlande	1
Ungarn	1
Vereinigtes Königreich	1
Belgien	1
Luxemburg	1

cc) Übersicht nach europäischer Norm, gegen die (mutmaßlich) verstoßen wurde

Verstoß gegen europäische Norm	Anzahl*
Richtlinie 2005/29/EG über unlautere Geschäfts-praktiken	9
Richtlinie 97/7/EG über Vertragsabschlüsse im Fern-absatz	4
Richtlinie 85/577/EWG über Haustürgeschäfte	1
Richtlinie 98/6/EG über Preisangaben	1
Richtlinie 2000/31/EG über den elektronischen Geschäftsverkehr	1

* Die Gesamtanzahl übersteigt die der Ersuchen, da Mehrfachnennungen möglich sind.

dd) Übersicht nach Werbemethode

Werbemethode	Anzahl*
Internet	9
von Angesicht zu Angesicht	2
Post	1
Telefon	1
Werbeplakate	1
Fernsehen	1
nicht bekannt	1

* Die Gesamtanzahl übersteigt die der Ersuchen, da Mehrfachnennungen möglich sind.

ee) Übersicht nach Vertriebsweg

Vertriebsweg	Anzahl*
Internet	8
von Angesicht zu Angesicht	3
Verkauf außerhalb von Geschäftsräumen	1
Geschäft	1
Telefon	1
SMS	1

* Die Gesamtanzahl übersteigt die der Ersuchen, da Mehrfachnennungen möglich sind.

ff) Übersicht nach Produkt/Dienstleistung

Produkt/Dienstleistung	Anzahl
Verkaufsveranstaltungen (div. Produkte)	2
Tickets für Kulturveranstaltungen	2
Spiele	2
Partnervermittlung	2
Elektronikprodukte	1
Nahrungsergänzungsmittel	1
Lotterie	1
Haushaltswaren	1

gg) Übersicht nach Behörde, an die Ersuchen weitergeleitet wurde

weitergeleitet an	Anzahl*
BVL	12
Behörde für Wirtschaft und Arbeit der Freien und Hansestadt Hamburg	1

* Die Gesamtanzahl übersteigt die der Ersuchen, da Mehrfachweiterleitungen möglich sind.

b)   Ausgegangene Informationsersuchen

aa)   Gesamtübersicht

Gesamtzahl
2

ersuchter Mitgliedstaat	Verstoß gegen europäische Norm	Werbemethode	Vertriebsweg	Produkt/Dienstleistung	ersuchende Behörde
Niederlande	RL 2000/31/EG	Internet	Internet	Nahrungsergänzungs-mittel/Arzneimittel	BVL
Österreich	RL 2000/31/EG	Internet	Internet	Nahrungsergänzungs-mittel/Arzneimittel	BVL

bb)   Übersicht nach ersuchtem Mitgliedstaat

ersuchter Mitgliedstaat	Anzahl
Niederlande	1
Österreich	1

cc)   Übersicht nach europäischer Norm, gegen die (mutmaßlich) verstoßen wurde

Verstoß gegen europäische Norm	Anzahl
Richtlinie 2000/31/EG über den elektronischen Geschäftsverkehr	2

dd)   Übersicht nach Werbemethode

Werbemethode	Anzahl
Internet	2

ee)   Übersicht nach Vertriebsweg

Vertriebsweg	Anzahl
Internet	2

ff)   Übersicht nach Produkt/Dienstleistung

Produkt/Dienstleistung	Anzahl
Nahrungsergänzungsmittel/Arzneimittel	2

gg)   Übersicht nach Behörde, von der Ersuchen weitergeleitet wurde

weitergeleitet von	Anzahl
BVL	2

3. Durchsetzungsersuchen: Artikel 8 der Verordnung (EG) Nr. 2006/2004

a) Eingegangene Durchsetzungsersuchen

aa) Gesamtübersicht

Gesamtzahl
19

ersuchender Mitgliedstaat	Verstoß gegen europäische Norm	Werbemethode	Vertriebsweg	Produkt/Dienstleistung	weitergeleitet an
Österreich	RL 85/577/EWG RL 90/314/EWG	Post	von Angesicht zu Angesicht	Verkaufsveranstaltungen (Gesundheitsprodukte u. Pauschalreisen)	BVL
Polen	RL 2005/29/EG	Telefon	Telefon	Gewinnspiel	BVL
Österreich	RL 2000/31/EG	Internet	Internet	Hotelbuchungen	BVL
Lettland	RL 93/13/EWG RL 97/7/EG RL 2000/31/EG RL 2005/29/EG	Internet	Internet	Spiele	BVL
Frankreich	RL 93/13/EWG RL 97/7/EG RL 1999/44/EG	Internet	Internet	Elektronikprodukte	BVL
Ungarn	RL 2005/29/EG	Fernsehen	Post	Gewinnspiel	BVL
Ungarn	RL 2005/29/EG	Fernsehen	Telefon	Gewinnspiel	BVL
Ungarn	RL 2005/29/EG	Fernsehen	Post	Gewinnspiel	BVL
Belgien	RL 2000/31/EG	Internet	Internet	Hotelbuchungen	BVL
Ungarn	RL 2005/29/EG	Werbeplakate/ Fernsehen/Zeitung	von Angesicht zu Angesicht / Internet	Tickets für Kulturveranstaltungen	BVL
Dänemark	RL 2001/83/EG	Internet	Internet	Werbung für Arzneimittel	Landesamt für Soziales, Jugend und Versorgung Rheinland-Pfalz
Ungarn	RL 2005/29/EG	Fernsehen	Post	Gewinnspiel	BVL
Ungarn	RL 2005/29/EG	Fernsehen	Post	Gewinnspiel	BVL
Ungarn	RL 2005/29/EG	Fernsehen	Post	Gewinnspiel	BVL
Frankreich	RL 97/7/EG RL 2005/29/EG	Internet/Telefon	Internet/Telefon	Gewinnspiel	BVL
Österreich	RL 85/577/EWG RL 1999/44/EG	Post	von Angesicht zu Angesicht	Verkaufsveranstaltungen (Gesundheitsprodukte)	BVL
Polen	RL 90/314/EWG	nicht bekannt	Verkauf außerhalb von Geschäftsräumen	Pauschalreisen	BVL
Niederlande	RL 97/7/EG RL 2000/31/EG RL 2005/29/EG	Internet	Internet	SMS	BVL
Niederlande	RL 85/577/EWG RL 2005/29/EG	nicht bekannt	Verkauf außerhalb von Geschäftsräumen	Verkaufsveranstaltungen	BVL

bb)   Übersicht nach ersuchendem Mitgliedstaat

ersuchender Mitgliedstaat	Anzahl
Ungarn	7
Österreich	3
Polen	2
Frankreich	2
Niederlande	2
Lettland	1
Belgien	1
Dänemark	1

cc)   Übersicht nach europäischer Norm, gegen die (mutmaßlich) verstoßen wurde

Verstoß gegen europäische Norm	Anzahl*
Richtlinie 2005/29/EG über unlautere Geschäftspraktiken	12
Richtlinie 97/7/EG über Vertragsabschlüsse im Fernabsatz	4
Richtlinie 2000/31/EG über den elektronischen Geschäftsverkehr	4
Richtlinie 85/577/EWG über Haustürgeschäfte	3
Richtlinie 90/314/EWG über Pauschalreisen	2
Richtlinie 93/13/EWG über missbräuchliche Klauseln in Verbraucherverträgen	2
Richtlinie 1999/44/EG über Verbrauchsgüterkauf und Garantien für Verbrauchsgüter	2
Richtlinie 2001/83/EG über Humanarzneimittel	1

* Die Gesamtanzahl übersteigt die der Ersuchen, da Mehrfachnennungen möglich sind.

dd)   Übersicht nach Werbemethode

Werbemethode	Anzahl*
Fernsehen	7
Internet	7
Post	2
Telefon	2
Werbeplakate	1
Zeitung	1
nicht bekannt	2

* Die Gesamtanzahl übersteigt die der Ersuchen, da Mehrfachnennungen möglich sind.

ee)   Übersicht nach Vertriebsweg

Vertriebsweg	Anzahl*
Internet	8
Post	5
von Angesicht zu Angesicht	3
Telefon	3
Verkauf außerhalb von Geschäftsräumen	2

* Die Gesamtanzahl übersteigt die der Ersuchen, da Mehrfachnennungen möglich sind.

ff)   Übersicht nach Produkt/Dienstleistung

Produkt/Dienstleistung	Anzahl
Gewinnspiel	8
Verkaufsveranstaltungen (div. Produkte)	3
Hotelbuchungen	2
Spiele	1
Elektronikprodukte	1
Tickets für Kulturveranstaltungen	1
Werbung für Arzneimittel	1
Pauschalreisen	1
SMS	1

gg)   Übersicht nach Behörde, an die Ersuchen weitergeleitet wurde

weitergeleitet an	Anzahl
BVL	18
Landesamt für Soziales, Jugend und Versorgung Rheinland-Pfalz	1

b) Ausgegangene Durchsetzungsersuchen

aa) Gesamtübersicht

Gesamtzahl
11

ersuchter Mitgliedstaat	Verstoß gegen europäische Norm	Werbemethode	Vertriebsweg	Produkt/Dienstleistung	ersuchende Behörde
Polen	RL 2001/83/EG	Internet	Internet	Arzneimittel	Ministerium für Gesundheit und Soziales des Landes Sachsen-Anhalt
Irland	RL 93/13/EWG RL 2000/31/EG RL 2005/29/EG	Internet	Internet	Flugtickets	BVL
Frankreich	RL 93/13/EWG	Internet	Internet	Flugtickets	BVL
Österreich	RL 2000/31/EG	Internet	Internet	Nahrungsergänzungs-mittel/Arzneimittel	BVL
Niederlande	RL 93/13/EWG RL 2000/31/EG RL 2005/29/EG	Internet	Internet	Tickets für Kulturveranstal-tungen	BVL
Niederlande	RL 93/13/EWG RL 2005/29/EG	Internet	Internet	Tickets für Kultur- und Sportveranstaltungen	BVL
Niederlande	RL 93/13/EWG RL 2005/29/EG	Internet	Internet	Tickets für Kultur- und Sportveranstaltungen	BVL
Ungarn	RL 93/13/EWG RL 2000/31/EG RL 2005/29/EG	Internet	Internet	Tickets für Sportveranstal-tungen	BVL
Norwegen	RL 93/13/EWG RL 2005/29/EG	Internet	Internet	Tickets für Kultur- und Sportveranstaltungen	BVL
Niederlande	RL 93/13/EWG RL 2005/29/EG	Internet	Internet	Tickets für Kultur- und Sportveranstaltungen	BVL
Schweden	RL 97/7/EG RL 1999/44/EG RL 2000/31/EG RL 2005/29/EG	Internet	Internet	Brillen	BVL

bb) Übersicht nach ersuchtem Mitgliedstaat

ersuchter Mitgliedstaat	Anzahl
Niederlande	4
Polen	1
Irland	1
Frankreich	1
Österreich	1
Ungarn	1
Norwegen	1
Schweden	1

cc) Übersicht nach europäischer Norm, gegen die (mutmaßlich) verstoßen wurde

Verstoß gegen europäische Norm	Anzahl*
Richtlinie 93/13/EWG über missbräuchliche Klauseln in Verbraucherverträgen	8
Richtlinie 2005/29/EG über unlautere Geschäftspraktiken	8
Richtlinie 2000/31/EG über den elektronischen Geschäftsverkehr	5
Richtlinie 2001/83/EG über Humanarzneimittel	1
Richtlinie 97/7/EG über Vertragsabschlüsse im Fernabsatz	1

* Die Gesamtanzahl übersteigt die der Ersuchen, da Mehrfachnennungen möglich sind.

dd) Übersicht nach Werbemethode

Werbemethode	Anzahl
Internet	11

ee) Übersicht nach Vertriebsweg

Vertriebsweg	Anzahl
Internet	11

ff) Übersicht nach Produkt/Dienstleistung

Produkt/Dienstleistung	Anzahl
Tickets für Kultur- und/oder Sportveranstaltungen	6
Flugtickets	2
Arzneimittel	1
Nahrungsergänzungsmittel/Arzneimittel	1
Brillen	1

gg) Übersicht nach Behörde, von der Ersuchen weitergeleitet wurde

weitergeleitet von	Anzahl
BVL	10
Ministerium für Gesundheit und Soziales des Landes Sachsen-Anhalt	1

3 Bericht gem. Artikel 21 Abs. 2 der Verordnung (EG) Nr. 2006/2004 über die Zusammenarbeit im Verbraucherschutz

Bericht für die Jahre 2009/2010

1. Einleitung und Hintergrund

Nach Artikel 21 Abs. 2 der Verordnung (EG) Nr. 2006/2004 über die Zusammenarbeit im Verbraucherschutz erstatten die Mitgliedstaaten der Kommission alle zwei Jahre, vom Datum des Inkrafttretens dieser Verordnung an gerechnet, Bericht über die Durchführung der Verordnung. Der vorliegende zweite Bericht enthält die relevanten Angaben für die Jahre 2009 und 2010.

a) Kontext

In Deutschland wurde das traditionelle System der Durchsetzung kollektiver Verbraucherinteressen durch qualifizierte private Einrichtungen durch die in Artikel 8 Abs. 3 der Verordnung (EG) Nr. 2006/2004 vorgesehene Möglichkeit erfolgreich in das europäische Behördenkooperationssystem einbezogen. Anstatt eine Verfügung gemäß § 5 Abs. 1 Satz 2 Nr. 1 EG-Verbraucherschutzdurchsetzungsgesetz (VSchDG) zu erlassen, ist gemäß § 7 Abs. 1 VSchDG vorgesehen, dass zwei zuständige Bundesbehörden – das Bundesamt für Verbraucherschutz und Lebensmittelsicherheit (BVL) und die Bundesanstalt für Finanzdienstleistungsaufsicht (BaFin) einen qualifizierten Dritten mit der Durchsetzung beauftragen sollen.

Als zuständige Behörde beauftragt das BVL auf der Grundlage einer nach § 7 Abs. 3 VSchDG geschlossenen Rahmenvereinbarung sowohl den Verbraucherzentrale Bundesverband e. V. (vzbv) – als Dachorganisation der Verbraucherzentralen und weiterer Verbraucherverbände – als auch die Zentrale zur Bekämpfung unlauteren Wettbewerbs e. V. (Wettbewerbszentrale) – als größte bundesweit tätige Selbstkontrolleinrichtung der Wirtschaft im Bereich des unlauteren Wettbewerbs – mit Durchsetzungsmaßnahmen.

b) Entwicklungstrends

Ein Großteil der Fälle, die im Berichtszeitraum bearbeitet wurden, betraf Verstöße im Bereich des Onlinehandels (beispielsweise den Handel mit Elektronikprodukten, Mobilfunkdiensten, Eintrittskarten für Sport- und Kulturveranstaltungen), Gewinnversprechen/Gewinnspiele und Verkaufsveranstaltungen. Insbesondere im Bereich des Onlinehandels wird eine weitere Zunahme der Fallzahlen erwartet.

Durch die Erweiterung der Zuständigkeiten im Anhang der Verordnung (EG) Nr. 2006/2004 um die Vorschriften über unerbetene Nachrichten (Artikel 13 der Richtlinie 2002/58/EG über die Verarbeitung personenbezogener Daten und den Schutz der Privatsphäre in der elektronischen Kommunikation) ist angesichts der zunehmenden Häufigkeit von Spam-Nachrichten zukünftig auch mit einem höheren Aufkommen an Amtshilfeersuchen in diesem Bereich zu rechnen.

c) Überblick über wichtige nationale Urteile im Zusammenhang mit der Behördenkooperation

Im Berichtszeitraum sind erste Urteile aus Anlass der Durchführung der Verordnung (EG) Nr. 2006/2004 ergangen, die teilweise rechtskräftig sind. Sie betreffen unlautere Geschäftspraktiken bei Online-Angeboten von Flugtickets, Mobilfunkdiensten und Datenbanken sowie bei der Vermittlung von Reiseleistungen. Die von den beauftragten Verbänden erstrittenen Urteile waren überwiegend erfolgreich im Sinne der

Amtshilfeersuchen und zeigen, dass das System der Beauftragungen wirksam ist.

2.
Verwaltungsorganisation

a) Änderungen in der Organisationsstruktur und Befugnisse

In Folge der Erweiterung des Anwendungsbereiches der Verordnung (EG) Nr. 2006/2004 um Nr. 17 des Anhanges in Bezug auf Artikel 13 der Richtlinie 2002/58/EG wurde das BVL durch die Verordnung zur Ergänzung und Anpassung bundesrechtlicher Regelungen zur Durchführung der Verordnung (EG) Nr. 2006/2004 vom 1. September 2010 (BGBl. I S. 1259) als zuständige Behörde benannt.

Die Befugnisse und Verantwortlichkeiten der zuständigen Behörden nach der Verordnung (EG) Nr. 2006/2004 über die Zusammenarbeit im Verbraucherschutz und dem EG-Verbraucherschutzdurchsetzungsgesetz (VSchDG) wurden im Bericht für die Jahre 2007/2008 bereits ausführlich dargestellt.

Durch das Gesetz zur Ergänzung behördlicher Aufgaben und Kompetenzen im Bereich des wirtschaftlichen Verbraucherschutzes vom 30. Juni 2009 (BGBl. I S. 1669) wurde neben kleineren redaktionellen Änderungen die Befugnisnorm des § 5 Abs. 1 VSchDG um die Befugnis ergänzt, bestimmte Auskünfte von Anbietern von Post-, Telekommunikations- oder Telemediendiensten zu verlangen (§ 5 Abs. 1 Nr. 3 VSchDG).

Die Neufassung des § 5 Abs. 1 des EG-Verbraucherschutzdurchsetzungsgesetzes lautet:

§ 5 Befugnisse der zuständigen Behörde
(1) Die zuständige Behörde trifft die notwendigen Maßnahmen, die zur Feststellung, Beseitigung oder Verhütung innergemeinschaftlicher Verstöße gegen Gesetze zum Schutz der Verbraucherinteressen erforderlich sind. Sie kann insbesondere

1. *den verantwortlichen Verkäufer oder Dienstleistungserbringer im Sinne des Artikels 3 Buchstabe h der Verordnung (EG) Nr. 2006/2004 (Verkäufer oder Dienstleister) verpflichten, einen festgestellten innergemeinschaftlichen Verstoß zu beseitigen oder künftige Verstöße zu unterlassen,*
2. *von dem Verkäufer oder Dienstleister alle erforderlichen Auskünfte innerhalb einer zu bestimmenden angemessenen Frist verlangen,*
3. *von Personen, die geschäftsmäßig Postdienste, Telekommunikationsdienste oder Telemediendienste erbringen oder an der Erbringung solcher Dienste mitwirken, die Mitteilung des Namens und der zustellungsfähigen Anschrift eines Beteiligten an Postdiensten, Telekommunikationsdiensten oder Telemediendiensten innerhalb einer zu bestimmenden angemessenen Frist verlangen, soweit diese Auskunft ausschließlich anhand der bei dem Auskunftspflichtigen vorhandenen Bestandsdaten erteilt werden kann,*
4. *Ausdrucke elektronisch gespeicherter Daten verlangen,*

5. *die zur Durchsetzung der Befugnisse nach Absatz 2 erforderlichen Anordnungen treffen.*

Im Fall des Satzes 2 Nr. 3 bestimmt sich die Entschädigung der zur Auskunft Verpflichteten in entsprechender Anwendung des § 23 Abs. 2 des Justizvergütungs- und -entschädigungsgesetzes vom 5. Mai 2004 (BGBl. I S. 718) in der jeweils geltenden Fassung.
[...]

b) Ressourcen

Zum Ende des Berichtszeitraumes sind in Deutschland drei Bundesbehörden und 57 Landesbehörden, von denen teilweise mehrere Ansprechpartner benannt wurden, mit der Durchführung der Verordnung (EG) Nr. 2006/2004 betraut. Daneben setzen sich zwei bundesweit tätige Verbände mit mehreren Experten im Rahmen von Beauftragungen bei eingehenden Durchsetzungsersuchen für die Rechtsdurchsetzung ein.

c) Praktische Erfahrungen

Die Durchsetzung kollektiver Verbraucherinteressen nach der Verordnung (EG) Nr. 2006/2004 durch die mit EG-Verbraucherschutzdurchsetzungsgesetz eingeführte Kombination behördlicher und privater Rechtsdurchsetzungsmaßnahmen hat sich in Deutschland weiterhin bewährt.

Die effektive Zusammenarbeit zwischen dem BVL, dem Verbraucherzentrale Bundesverband e. V. (vzbv) und der Zentrale zur Bekämpfung unlauteren Wettbewerbs e. V. (Wettbewerbszentrale) auf der Grundlage der bestehenden Rahmenvereinbarung konnte weiter gefestigt und verbessert werden. In regelmäßig stattfindenden gemeinsamen Gesprächen zur Evaluierung dieser Zusammenarbeit werden grundsätzliche Fragen im Zusammenhang mit der Bearbeitung von Durchsetzungsersuchen eingehend diskutiert und wirksame Lösungen gefunden, um die Zusammenarbeit im Sinne der Verordnung (EG) Nr. 2006/2004 möglichst effektiv zu gestalten. Ersuchende Behörden aus dem Ausland haben bislang bei jedem für eine Beauftragung geeigneten Ersuchen der Beauftragung eines privaten Dritten zugestimmt.

Im Hinblick auf die Art der Verstöße und die hierdurch betroffenen Rechtsgrundlagen ist festzustellen, dass aufgrund der Zuständigkeitsregelung in Deutschland in nahezu allen ein- und ausgehenden Amtshilfeersuchen das BVL als zuständige Behörde involviert war. Im Berichtszeitraum wurden lediglich drei der 87 ein- und ausgehenden Informations- und Durchsetzungsersuchen an bzw. von anderen zuständigen Behörden weitergeleitet.

3.
Grenzüberschreitende Durchsetzungstätigkeit

a) Informationen über Durchsetzungsmaßnahmen, die sich als wirksam erwiesen haben und über die Nutzung von Informationsersuchen

Die Beauftragung qualifizierter privater Einrichtungen im Sinne von Artikel 8 Abs. 3 Verordnung (EG) Nr. 2006/2004 hat sich auch in diesem Berichtszeitraum bewährt. Die nach § 7 Abs. 1 VSchDG durch das BVL als zuständige Behörde beauftragten Dritten konnten weiterhin überwiegend die mit außergerichtlichen Abmahnungen geforderten Unterlassungserklärungen mit Vertragsstrafeversprechen erwirken. Zudem hat das BVL Kenntnis von vier Klagen aus Anlass von Durchsetzungsersuchen, die teilweise bereits erfolgreich abgeschlossen wurden. Darüber hinaus haben zwei bereits vor Beauftragung laufende gerichtliche Verfahren dazu beigetragen, dass Verstöße aus Durchsetzungsersuchen abgestellt werden konnten.

In einem Durchsetzungsersuchen hat das BVL als zuständige Behörde selbst durch Maßnahmen gegenüber Dritten die Beseitigung der innergemeinschaftlichen Verstöße erreicht. Darüber hinaus wurden Verwaltungsakte durch zuständige Behörden erlassen, um die mit Informationsersuchen erbetenen Auskünfte zu erhalten.

In der Übersicht stellen sich die bei eingegangenen Durchsetzungsersuchen ergriffenen Maßnahmen wie folgt dar:

Maßnahmen bei im Jahr 2009 eingegangenen Ersuchen

Maßnahmen	Anzahl
Abmahnungen	11
Unterlassungserklärungen	8
Klagen	5
gerichtlich abgeschlossene Verfahren	2

Maßnahmen bei im Jahr 2010 eingegangenen Ersuchen

Maßnahmen	Anzahl
Abmahnungen	3
Unterlassungserklärungen	3
Maßnahmen ggü. Dritten	1
Sonstige Erledigung (keine Verstöße bzw. Verstöße abgestellt)	5

b) Zusammenfassende Statistiken über die Tätigkeit der zuständigen Behörden

Die nachfolgenden Übersichten der übermittelten Ersuchen zeigen, dass das System der Behördenkooperation mit Bezug zu Deutschland in den Jahren 2009 und 2010 mit jeweils 43 bzw. 44 Ersuchen in annähernd gleichem Maße genutzt wurde, wobei es abweichende Tendenzen nach der Art der Ersuchen gibt.

Bei einem Vergleich der Zahlen des aktuellen Berichtszeitraums mit denen des Berichtes für die Jahre 2007/2008 ist zu berücksichtigen, dass Amtshilfeersuchen, die einen Verstoß gegen zwei oder mehrere europäische Rechtsgrundlagen zum Gegenstand haben, aufgrund einer Funktionserweiterung des CPCS seit 2009 nunmehr nur als ein Amtshilfeersuchen gezählt werden, während es in der Vergangenheit dementsprechend zwei oder mehr Amtshilfeersuchen waren. Unter Einbeziehung der geänderten Zählweise lässt sich ein deutlicher Anstieg der Nutzung des Systems der Behördenkooperation im Berichtszeitraum im Vergleich zu den Vorjahren feststellen.

aa) Gesamtübersicht über die im Zusammenhang mit der Verordnung (EG) Nr. 2006/2004 übermittelten Ersuchen um Amtshilfe im Jahr 2009

Übermittelte Ersuchen	Anzahl
Eingegangene Informationsersuchen	14
Ausgegangene Informationsersuchen	3
Eingegangene Durchsetzungsersuchen	13
Ausgegangene Durchsetzungsersuchen	13

bb) Gesamtübersicht über die im Zusammenhang mit der Verordnung (EG) Nr. 2006/2004 übermittelten Ersuchen um Amtshilfe im Jahr 2010

Übermittelte Ersuchen	Anzahl
Eingegangene Informationsersuchen	12
Ausgegangene Informationsersuchen	2
Eingegangene Durchsetzungsersuchen	19
Ausgegangene Durchsetzungsersuchen	11

c) Praktische Erfahrungen

aa) Handhabung der Fälle

Die Handhabung der Fälle und die hierbei auftretenden Probleme wurden im Dezember 2009 im Rahmen des Workshops „Enhancing the CPC network's operations" mit den Mitgliedstaaten und der Kommission ausführlich erörtert. Es ist allerdings immer noch festzustellen, dass die Qualität der eingehenden Ersuchen trotz der auf dem Workshop identifizierten Mindestanforderungen an die Informationsaufbereitung sehr unterschiedlich ist und zum Teil wesentliche Informationen fehlen, die für die reibungslose Bearbeitung von Amtshilfeersuchen erforderlich sind (z. B. Angabe der konkreten europäischen und nationalen Rechtsgrundlagen, Text der nationalen Rechtsgrundlagen, verständliche Beschreibungen des Sachverhaltes, unterstützende Dokumente – insbesondere Nachweise für den behaupteten Verstoß; Übersetzungen entscheidender Texte auf Englisch wären oft hilfreich, auch wenn es hierzu keine Verpflichtung geben mag). Zudem variieren die Bearbeitungszeiten der ersuchten Mitgliedstaaten stark (Fälle werden teilweise spät geschlossen, Sachstandsmitteilungen bzw. Antworten werden erst spät eingestellt).

Daher wird begrüßt, dass die Kommission auf der Basis der Erwartungen und Bedürfnisse der Mitgliedstaaten unverbindliche „Operating Guidelines" erarbeitet hat, um ein gemeinsames Verständnis bei der praktischen Anwendung der Verordnung (EG) Nr. 2006/2004 zu erreichen. Ergänzend wird die Durchführung eines Follow-up-Workshops zu diesem Thema für sinnvoll gehalten.

Darüber hinaus besteht bei der Handhabung der Fälle vielfach Unklarheit über die Frage des anwendbaren Rechts, was auch bei dem Workshop im Dezember 2010 erneut festgestellt wurde und bei der Veranstaltung der belgischen Ratspräsidentschaft im September 2010 zum Thema „Enforcement of the Economic Rights of Consumers in the Internal Market" als ein wesentliches Hindernis für die Effektivität der Behördenkooperation herausgearbeitet wurde. Daher wird eine ausdrückliche Regelung in der Verordnung (EG) Nr. 2006/2004 für unabdingbar gehalten; dies sollte möglichst rasch erfolgen.

bb) Gemeinsame Tätigkeiten und andere gemeinsame Aktionen

Das BVL hat im Projektjahr 2008/2009 an allen drei Seminaren des von Italien geleiteten und in Zusammenarbeit mit Estland durchgeführten Projekts zur effektiven Anwendung der Richtlinie 2005/29/EG über unlautere Geschäftspraktiken im Rahmen der Verordnung (EG) Nr. 2006/2004 teilgenommen. Diese von der Kommission geförderte gemeinsame Tätigkeit hat durch Diskussionen, Erfahrungsaustausche und Analysen zu einem gemeinsamen Verständnis der Richtlinie 2005/29/EG beigetragen.

Durch die in beiden Berichtsjahren durchgeführten Sweeps zu Angeboten von Elektronikprodukten sowie Sport- und Kulturveranstaltungen im Internet, die in Deutschland durch das BVL als zuständige Behörde durchgeführt wurden, konnte sich diese koordinierte Form der europaweiten Zusammenarbeit als effektives Instrument etablieren, mit der etliche grenzüberschreitende Verstöße aufgedeckt und mithilfe der Amtshilfemechanismen der Verordnung (EG) Nr. 2006/2004 abgestellt wurden. Die begleitende Öffentlichkeitsarbeit der Kommission und der Mitgliedstaaten hat außerdem dazu beitragen können, die Bekanntheit der Behördenkooperation zu steigern.

Die regelmäßige Durchführung dieser konzertierten Marktüberwachungs- und Durchsetzungsaktion als jährlicher Sweep wird daher von Deutschland unterstützt.

cc) CPCS-Datenbank

Das CPCS hat im Berichtszeitraum einige Weiterentwicklungen und Neuerungen erfahren, die zur besseren Nutzbarkeit des CPCS beitragen (u. a. Möglichkeit der systematischen Benennung mehrerer Rechtsgrundlagen, Drop-Down-Menüs im CPCS auf Deutsch, Funktion zur Übersetzung von Freitexten, Funktion zur Einholung der Zustimmung nach Artikel 8.3).

Allerdings ist auch nach vier Jahren noch festzustellen, dass das CPCS nach wie vor sehr fehleranfällig und wenig benutzerfreundlich ist. Besonders bedenklich ist, dass im Jahr 2010 ein Ersuchen im CPCS verschwunden war und ein deutscher Ansprechpartner bei der Erstellung von neuen Ersuchen zweimal vom CPCS in Ersuchen zwischen zwei anderen Mitgliedstaaten geleitet wurde, zu denen kein Zugriff für eine deutsche Behörde hätte bestehen dürfen. Zudem werden Ansprechpartner immer noch nicht zuverlässig mit E-Mail- bzw. Homepage-Notifizierungen über neue Ereignisse im CPCS informiert. Auch die bereits im ersten Zweijahresbericht angesprochene Druckfunktion ist noch immer nicht zufriedenstellend, insbesondere die wiederholt geforderte pdf-Funktion wurde nicht eingerichtet.

Zu begrüßen ist, dass die Kommission neben weiteren Neuerungen für 2011 angekündigt hat, die Case Owner-Problematik durch eine Übertragung auf die Behörde zu lösen. Momentan kann lediglich ein bestimmter Ansprechpartner als sog. „Fallinhaber" alle Funktionen zu dem jeweiligen Ersuchen nutzen, während die anderen Ansprechpartner der Behörde bestimmte Notifizierungen nicht erhalten, keine neuen Themen bei Mitteilungen öffnen und Fälle nicht schließen können.

Auch in diesem Berichtszeitraum hat Deutschland, vertreten durch das BVL, durch seine engagierte Arbeit in der CPCS Key Users Group auf eine Verbesserung des CPCS hingewirkt und unter anderem zur demnächst erfolgenden Implementierung von Artikel 9 der Verordnung (EG) Nr. 2006/2004 im CPCS beigetragen. Zudem spricht sich Deutschland weiterhin nachdrücklich dafür aus, dass sämtliche Funktionselemente des CPCS auch in Deutsch zur Verfügung stehen. Auch der „CPCS User Guide" wurde von der Europäischen Kommission bislang ausschließlich in englischer Sprache zur Verfügung gestellt. Das BVL hat in beiden Berichtsjahren für alle interessierten Ansprechpartner der zuständigen Bundes- und Landesbehörden in Deutschland Schulungen in der Nutzung der CPCS-Datenbank durchgeführt.

4.
Fazit

Die europäische Zusammenarbeit der Behörden nach der Verordnung (EG) Nr. 2006/2004 hat sich kontinuierlich weiterentwickelt und trägt wesentlich zur effektiven grenzüberschreitenden Durchsetzung der Gesetze zum Schutz der Verbraucherinteressen in Europa bei.

Um die Anwendung des Behördenkooperationssystems weiter zu optimieren, sollte das gemeinsame Verständnis der Mitgliedstaaten über die Rechtsgrundlagen weiterhin gefördert werden. Insbesondere sollte zügig das anwendbare Recht in der Verordnung (EG) Nr. 2006/2004 geregelt und das CPCS hinsichtlich Bedienbarkeit und Benutzerfreundlichkeit verbessert werden.

MIX
Papier aus verantwortungsvollen Quellen
Paper from responsible sources
FSC® C105338

If you have any concerns about our products,
you can contact us on
ProductSafety@springernature.com

In case Publisher is established outside the EU,
the EU authorized representative is:
Springer Nature Customer Service Center GmbH
Europaplatz 3, 69115 Heidelberg, Germany

Printed by Libri Plureos GmbH
in Hamburg, Germany